# BEI GRIN MACHT SICH IHR WISSEN BEZAHLT

- Wir veröffentlichen Ihre Hausarbeit,
  Bachelor- und Masterarbeit

- Ihr eigenes eBook und Buch -
  weltweit in allen wichtigen Shops

- Verdienen Sie an jedem Verkauf

## Jetzt bei www.GRIN.com hochladen und kostenlos publizieren

**Bibliografische Information der Deutschen Nationalbibliothek:**

Die Deutsche Bibliothek verzeichnet diese Publikation in der Deutschen National-
bibliografie; detaillierte bibliografische Daten sind im Internet über http://dnb.d-
nb.de/ abrufbar.

**Impressum:**

Copyright © 2018 GRIN Verlag
Druck und Bindung: Books on Demand GmbH, Norderstedt Germany
ISBN: 9783668843646

**Dieses Buch bei GRIN:**

https://www.grin.com/document/451653

Lena Risse

# Möglichkeiten der Einbeziehung von Yoga in den Sportunterricht

GRIN Verlag

**GRIN - Your knowledge has value**

Der GRIN Verlag publiziert seit 1998 wissenschaftliche Arbeiten von Studenten, Hochschullehrern und anderen Akademikern als eBook und gedrucktes Buch. Die Verlagswebsite www.grin.com ist die ideale Plattform zur Veröffentlichung von Hausarbeiten, Abschlussarbeiten, wissenschaftlichen Aufsätzen, Dissertationen und Fachbüchern.

**Besuchen Sie uns im Internet:**

http://www.grin.com/

http://www.facebook.com/grincom

http://www.twitter.com/grin_com

**Facharbeit**


Thema:

**Yoga - Eine Möglichkeit der Einbeziehung in den Sportunter-
richt**


vorgelegt von: Lena Risse

Fach: Sport


Abgabe am 12.01.2018

# Gliederung

## 1. Einleitung

*„In einem gesunden Körper steckt ein gesunder Geist."* ~ *Decimus Iunius Iuvenalis*

Mittlerweile ist Stress das zweitgrößte berufsbedingte Gesundheitsproblem in Europa. Er kann beispielsweise durch die Familie, Krankheiten, aber auch durch Freizeitaktivitäten ausgelöst werden.[1] Bei Kindern und Jugendlichen ist der Schulstress eine der häufigsten Stressarten. Der zunehmende Leistungsdruck auf Grund der Verkürzung der Gymnasialzeit auf acht Jahre (Brandenburg/Berlin 6 Jahre) und der zu hohen Erwartungen der Eltern führen zu etlichen gesundheitlichen Schäden. Kopf- und Bauchschmerzen, aber auch Essstörungen, Ängste, emotionale Probleme und depressive Erscheinungen entstehen durch eine schulische Überforderung. Bereits 15% aller Kinder kommen schon mit psychischen Auffälligkeiten zur Schule. Bei 25% der Kinder und Jugendlichen werden psychische oder psychosomatische Befunde während der Schulzeit festgestellt.[2] Laut einer Studie des Instituts für Psychologie und des Zentrums für angewandte Gesundheitswissenschaften (ZAG) der Leuphana Universität Lüneburg klagen etwa 40% der Schüler und Schülerinnen mehrmals wöchentlich über körperliche oder psychische Beschwerden. Diese steigen bei Mädchen ab 15 Jahren mit zunehmendem Alter an. Bei Jungen ab 14 Jahren nehmen sie jedoch langsam wieder ab.[3] Was scheinbar so harmlos anfängt, kann zu erheblichen folgenschweren Schäden führen. Durch jeglichen Stress verursachte Krankheiten sind zum Beispiel Bluthochdruck, Herzinfarkt, Panikattacken, Schlafstörungen, massive Gewichtszunahme oder Gewichtsabnahme, Ohrgeräusche (Tinnitus) sowie Burn-out.[4]

Um diese Krankheiten zu vermeiden oder zu heilen, nutzen Millionen Menschen die Lebenskunst Yoga. Wäre es nicht auch möglich, Yoga in den Sportunterricht einzubauen, um gesundheitliche Schäden vorzubeugen und die häufig auftretenden Beschwerden der Schüler zu lindern?

---

[1] vgl. Grunert, Ulrike/Dr. med. Grunert, Detlef (2008), S. 17
[2] vgl. https://www.aerztezeitung.de/politik_gesellschaft/berufspolitik/article/856533/jugendaerzte-schlagen-alarm-schulstress-macht-immer-kinder-krank.html
[3] https://www.focus.de/gesundheit/gesundleben/stress/news/stress-jeder-dritte-schueler-krank-durch-stress_aid_470543.html
[4] vgl. Grunert, Ulrike/Dr. med. Grunert, Detlef (2008), S. 17f

## 2. Definition Yoga

Nach Patanjali, einem indischen Gelehrten und sogenannten Urvater des Yoga, ist es eine altindische philosophische Lehre beziehungsweise theoretische Weltanschauung.[5] Es wird als Methode, welche alle Energien des Menschen mit den Energien des Universums in Harmonie bringt und vereint, beschrieben. Damit es jedoch überhaupt erst zu dieser Harmonie kommt, muss der Mensch mit sich selbst im Einklang sein.[6] Darin besteht auch das Hauptziel des Yoga, den Körper mit Seele und Geist ins Gleichgewicht zu bringen und den Geist von Sinnestäuschungen sowie Gedankenverwirrungen zu befreien.[7]

## 3. Geschichte des Yoga

Historiker nahmen an, dass die grundsätzliche Idee des Yoga vor ungefähr 3000 Jahren im Südwesten Asiens entstand. Damals suchten nur Heilige den „Kontakt mit dem Göttlichen" über den Yoga. Körperübungen, wie wir sie heute kennen und ausüben, waren in dieser Zeit noch nicht bekannt. Bei Ausgrabungen gefundene Artefakte zeigen jedoch meditierende Menschen im Lotussitz. Padmasana (=Lotussitz) war somit die erste yogische Haltung.

Etwa 200 v. Chr. schrieb der Weise Patanjali die in allen Traditionslinien anerkannten Yoga-Sutras, welche bis heute als Grundlage des Yoga-Übungsweges gelten. Somit war sozusagen das erste Handbuch für Yoga entstanden. Der von ihm beschriebene Yoga-Weg ist auch bekannt als Ashtanga Yoga – der Yoga des achtgliedrigen Pfades.[8]

## 4. Die 8 Stufen des klassischen Yoga

Patanjalis Yoga-Sutras sollen den Yogi zur inneren Freiheit bringen. Dazu formulierte er einen achtgliedrigen Pfad. Dabei sind alle Stufen fest miteinander verbunden und keine ist wertvoller als die andere.

---

[5] vgl. Arndt, Friederike (2016), S. 4
[6] vgl. Waesse, Harry (1995), S.8
[7] vgl. http://www.info-magazin.com/?suchbegriff=yoga
[8] vgl. Miessner, Wolfgang/Zylla, Amiena (2009), S. 10f

*Yama*

Yama, die erste Stufe, bedeutet so viel wie Zurückhaltung oder Enthaltung. Sie gibt Verhaltensempfehlungen gegenüber anderen vor. Die Grundregeln des Zusammenlebens bilden Gewaltlosigkeit (Ahimsa), Wahrhaftigkeit (Satya), Nicht-Stehlen (Asteya), Enthaltsamkeit (Brahmacharya) und Besitzlosigkeit (Aparigraha).

*Niyama*

Die zweite Stufe umfasst die positiven Empfehlungen, um welche Qualitäten sich ein Yogi, also ein Schüler, bemühen sollte. Beispielsweise die Reinheit oder Sauberkeit (Shauca), die Zufriedenheit (Santosha), die Disziplin (Tapas), die Selbsterforschung (Svadhyaya) und die Hingabe an den Herrn (Isvara Pranidhana) zeigen die Ansprüche an den Schüler.

*Asana*

Die Asanas sind die Körperübungen, welche beim Yoga praktiziert werden. Sie dienen dazu, den Körper zu kräftigen, den Geist zu beruhigen und sich in einen Zustand der Harmonie zu versetzen. Hatha Yoga ist im Westen das bekannteste Training.

*Pranayama*

Ein weiteres Glied des achtstufigen Yoga-Weges ist das Kontrollieren der Atmung. Die Atemübungen sind darauf ausgelegt, dem Yogi bei der Beherrschung der Lebenskraft zu helfen. Das Atmen erfolgt dabei immer lang, ruhig und im selben Rhythmus: ausatmen, einatmen, anhalten.

*Pratyahara*

Die fünfte Stufe beschreibt das Zurückziehen der Sinne, des Geistes und des Bewusstseins von der Außenwelt. Die Beruhigung des Denkens, die Beherrschung der Sinnesorgane sowie die Konzentration auf das eigene Innere sind dabei sehr wichtig.

*Dharana*

Die Dharana beschäftigt sich mit der fokussierten Konzentration. Das heißt, sie umfasst die, durch bloße Aufmerksamkeit erzielte, aktive und bewusste Hinlenkung der Aufmerksamkeit auf Objekte.

*Dhyana*

Die Dhyana beinhaltet die Meditation, wobei sich das Bewusstsein in die Seele zurückzieht. Das Meditieren ist die Besinnung, die zur Sinnfindung führt.

*Samadhi*

Die letzte Stufe ist das ursprüngliche Ziel jedes Yoga-Weges. Man befindet sich im Idealzustand, sobald man alle beschriebenen Wege durchlaufen ist. Das Erleben der Einheit mit dem Universum, dem Göttlichen und einer unsagbaren Freude ist jedoch eine sehr seltene Erfahrungsstufe. Dies kann nämlich mehrere Jahre oder sogar ein ganzes Leben lang dauern.[9]

## 5. Yoga-Arten
Neben dem klassischen Yoga gibt es noch viele weitere Yoga-Richtungen.

Eine der verbreitetsten ist wohl der Hatha-Yoga, bei dem die ein- und ausströmenden Energien im Gleichgewicht gehalten werden. Die Asanas helfen dabei die Muskeln zu stärken, den Bewegungsapparat und die inneren Organe in Harmonie zu bringen, den Kreislauf anzuregen, das Nervensystem zu entspannen und die Atmung sowie die Konzentrationsfähigkeit zu verbessern.[10] Die Ausführung der Körperübungen erfolgt langsam und entspannt. Geatmet wird im Einklang mit der Bewegung.[11]

Das Vinyasa oder Vinyasa Flow Yoga ist ebenfalls ein populärer dynamischer Yogastil. Im Vergleich zum Hatha Yoga wird hier oft auf die Meditation verzichtet. Atmung und Körperübungen stehen dafür im Fokus. Diese Yoga-Richtung wird auch Flow genannt, da Atmung und Bewegung bewusst verknüpft werden und auch der fließende Wechsel von einer in die andere Position erfolgt. Kraft, Kondition und Achtsamkeit werden dadurch gefördert.[12]

Eine weitere bekannte Art ist das Yin-Yoga. Laut Paul Grilly ist sie eine ruhige Form der Yogapraxis, die schon immer existierte. Die Yoga-Richtung hilft beim Abfedern des steigenden Leistungsdrucks, beim Stressabbau sowie

---

[9] vgl. Arndt, Friederike (2016), S. 4f; Kirk, Martin (2015), S. 7; Miessner, Wolfgang/Zylla, Amiena (2009), S. 25f
[10] vgl. Waesse, Harry (1995), S. 9
[11] vgl. http://www.yoga-jetzt.net/vinyasa-yoga/
[12] vgl. http://www.yoga-jetzt.net/hatha-yoga/

beim Energieaufbau.[13] Die Asanas werden sehr langsam aufgebaut und auch besonders lang gehalten (meist 2-5 Minuten). Die verkrampften Muskeln werden dadurch gelöst und entspannt.[14]

Auch im Wasser kann die indische Lehre praktiziert werden. Durch die Übungen des Aquayoga wird der Geist zentriert, da es hierbei meist besser gelingt, sich auf die Meditation und die Entspannungsphasen einzulassen. Das Wasser ist angenehm warm und um störende Nebengeräusche auszuschalten, können einfach die Ohren in der Schwebelage ins Wasser getaucht werden.[15]

Weitere Yogastile wären beispielsweise Acro Yoga, Anusara Yoga, Bikram Yoga, Forrest Yoga, Hormon Yoga, Power Yoga/Yoga Pilates und Wellness Yoga.[16]

## 6. Wirkung auf den Menschen
„Yoga ist für mich eine Form der Gymnastik.

Yoga ist für mich ein körperbetontes Fitnesstraining.

Yoga ist für mich eine Methode Stress abzubauen.

Yoga ist für mich ein gutes Mittel, den Alltag hinter mir zu lassen, mich zu entspannen oder zu meditieren.

Yoga ist für mich die beste Gelegenheit gesund zu bleiben bzw. zu werden.

Yoga ist für mich eine Methode mich selbst besser kennenzulernen.

Yoga ist für mich ein spiritueller Weg." [17]

Yoga kann somit für jeden einen anderen Charakter haben.

Die indische Lehre wird von etlichen Ärzten und Therapeuten empfohlen, da sie als Mittel zur Heilung oder Wiederherstellung der vollen physischen sowie psychischen Leistungsfähigkeit dient.

Um sich körperlich und mental auf bevorstehende Wettkämpe vorzubereiten, praktizieren sogar viele Spitzensportler regelmäßig Asanas. Yoga kann bei

---

[13] vgl. Baumgartner, Helga (2016), S. 10f
[14] vgl. http://www.yoga-jetzt.net/yoga-im-herbst/
[15] vgl. Hüster, Kirsten (2009), S. 29f
[16] vgl. http://www.yoga-jetzt.net/yoga-arten/
[17] Miessner, Wolfgang/Zylla, Amiena (2009),

bereits sporttreibenden Menschen auch bestimmte Mängel bezüglich Kraft, Beweglichkeit, Balance oder Konzentrationsvermögen ausgleichen.

Des Weiteren kann mit Yoga der Stress, der auch für eine Menge Krankheiten verantwortlich ist, gelindert werden. Die Herzfunktion, Verdauung und Sehkraft können damit stabilisiert und verbessert werden. Das Immunsystem wird gestärkt. Selbst die Behandlung von Bluthochdruck, Altersdiabetes, Atemwegsprobleme, Schlafstörungen und sogar chronische Kopf- oder Rückenschmerzen kann durch eine regelmäßige Yoga-Praxis erfolgen.

Die Lebenskunst stärkt außerdem das Selbstvertrauen, steigert das Selbstwertgefühl und verbessert das Konzentrationsvermögen. Somit hat Yoga eine sehr positive Auswirkung auf die Menschen.[18]

## 7. Yoga in unterschiedlichen Bewegungsfeldern des Sportunterrichts
### 7.1 Laufen, Springen, Werfen/Stoßen

Neben den Grundformen der menschlichen Bewegung sind Laufen, Springen und Werfen/Stoßen auch noch die Basen weiterer sportlicher Aktivitäten.

Das Bewegungsfeld umfasst nicht nur die Schulung einer allgemeinen Lauf-, Sprung- und Wurf- beziehungsweise Stoßgeschicklichkeit, sondern auch ausdauerndes und schnelles Laufen, weites und hohes Springen sowie weites Werfen und Stoßen.[19]

In diesem Themenfeld sollten Asanas eingesetzt werden, die zur Kräftigung der Bein- und Armmuskulatur sowie zur Stärkung der Ausdauer dienen. Diese können als Dehnübungen am Anfang und/oder am Ende der Sportstunde einbezogen werden.

Die folgenden Yoga-Stellungen in den drei Bewegungsfeldern sind Beispielübungen, die im Unterricht angewendet werden könnten. Sie sind eine Mischung aus mehreren Yogastilen und beziehen sich nicht auf eine bestimmte Yoga-Art.

---

[18] vgl. Miessner, Wolfgang/Zylla, Amiena (2009), S. 18
[19] vgl. http://bildungsserver.berlin-brandenburg.de/fileadmin/bbb/unterricht/rahmenlehrplaene/sekundarstufe_I/2008/Sport-RLP_Sek.I_2008_Brandenburg.pdf, S. 18

Übung 1 - Radfahren:

*Durchführung:*

Abb. 1

> Rückenlage

> Beine heben und mit beiden Beinen gleichzeitig Radfahrbewegungen durchführen

> Zurückkehren in die Ausgangsposition und den Körper entspannen

*Wirkung:* Diese Übung kräftigt die Bauch- und Beinmuskulatur. Sie fördert die Beweglichkeit der Hüftgelenke und der Knie. Zudem wird der Kreislauf besonders in den Beinen angeregt und das beugt Krampfadern und Thrombosen vor. Das Radfahren entspannt und durchblutet Hüft-, Knie- und Fußgelenke.[20]

Übung 2 – Seil ziehen:

*Durchführung:*

Abb. 2

> Langsitz; die Hände auf den Oberschenkeln ablegen

> einatmend den linken Arm hochstrecken; die linke Hand zur Faust formen

> ausatmend den Arm anspannen und langsam gestreckt zum Knie führen

> Übung mit jedem Arm 5-mal durchführen

*Wirkung:* Diese Asana kräftigt die Arm-, Hand- sowie Rückenmuskulatur und fördert die Beweglichkeit der Schultergelenke.[21]

---

[20] vgl. https://www.yogaimtaeglichenleben.at/system/stufe-1/sarva-hita-asanas-teil-4/radfahren
[21] vgl. https://www.yogaimtaeglichenleben.at/system/stufe-1/sarva-hita-asanas-teil-4/seil-ziehen

Übung 3 – Sonnengruß:

*Durchführung:*

> Berghaltung (aufrechter Stand);

Handflächen vor das Brustbein legen

Abb. 3

> einatmend Arme über den Kopf strecken; im oberen Rücken in eine leichte Rückbeuge kommen

> ausatmend mit geradem Rücken und gebeugten Knien aus den Hüftgelenken heraus in die Vorbeuge neigen, ohne zu verweilen; Gewicht auf das linke Bein verlagern und das rechte gleich weit nach hinten schwingen; Hände am Boden aufstellen

> einatmend in die Ausfallposition gehen; Gesäßmuskulatur anspannen und das Knie vom Boden heben; langstrecken (vom Scheitel über den Rücken bis zur Ferse)

> ausatmend das linke Bein zurückführen; das Becken heben; in die Hundehaltung (nach unten blickend) kommen

> einatmend das Gesäß sinken lassen; die Bretthaltung einnehmen; Körperspannung halten

> ausatmend in die Hundehaltung zurückkehren; einatmend in die Ausfallposition (diesmal das rechte Bein vorne zwischen die Hände stellen) kommen; ausatmend in die Vorbeuge gehen; einatmend direkt in die Rückbeuge aufrichten und ausatmend zurück in die Berghaltung kommen

> Vorgang wiederholen und dabei mit dem anderen Bein beginnen

*Wirkung:* Der Sonnengruß kräftigt und dehnt die Körpervorderseite und -rückseite im Wechsel. Des Weiteren belebt dieser Bewegungsablauf die Sinne und fördert die Ausdauer.[22]

---

[22] vgl. Grunert, Ulrike/Dr. med. Grunert, Detlef (2008), S. 95

## 7.2 Bewegung gymnastisch, rhythmisch, tänzerisch gestalten

Im Fokus dieses Bewegungsfeldes stehen zum Einen das Erlernen praktischer Bewegungsformen und zum Anderen die gestalterisch-kreative Auseinandersetzung mit der eigenen Bewegung.[23]

Yoga als Sportart würde sich in dieses Bewegungsfeld einordnen lassen, denn es gilt als moderne Form der Gymnastik. Die Musik dient im Themenfeld sowie im Yoga als Begleitung und stärkt somit die musikalische Wahrnehmung.[24]

Hier ist es sinnvoll, Asanas zur Kräftigung der Arm- und Beinmuskulatur, zur Stärkung und Streckung des Rückens, aber auch zur Förderung des Gleichgewichtsinns anzuwenden. Auch diese Übungen können am Anfang und/oder am Ende des Sportunterrichts als Dehnung praktiziert werden.

<u>Übung 1 – Baumhaltung:</u>

*Durchführung:*

> Füße schließen und Gewicht auf einen Fuß verlagern

> freies Bein nach außen abwinkeln und die Fußsohle am

Knöchel des Standbeins platzieren                    Abb. 4

> Handflächen gegeneinander legen; Arme langsam über den Kopf Richtung Decke führen; dabei Blick geradeaus

> eine halbe Minute ruhig atmen; dann mit dem anderen Fuß wiederholen

*Wirkung:* Die Baumhaltung dient nicht nur zur Kräftigung der Beine, sondern auch zur Streckung des ganzen Körpers. Vor allem eignet sie sich gut als Konzentrationsübung.[25]

---

[23] vgl. http://bildungsserver.berlin-
brandenburg.de/fileadmin/bbb/unterricht/rahmenlehrplaene/sekundarstufe_I/2008/Sport-
RLP_Sek.I_2008_Brandenburg.pdf, S. 95
[24] vgl. Arndt, Friederike (2016), S. 7
[25] vgl. http://www.kgl-hga.eu/20090803_01/html/Ballroom_20090803_01_01.html

Abb. 5

## Übung 2 – Kobra:

*Durchführung:*

> Bauchlage; Beine hüftbreit auseinander; Zehen flach nach unten; Hände etwas unterhalb der Brust auf dem Boden; Ellbogen nah am Körper

> Oberschenkel und Po anspannen; Oberkörper langsam nach oben heben; Arme etwas angewinkelt lassen; Hände dienen nur der Unterstützung; Brustbein nach vorne und Schultern zurückziehen; tief ein- und ausatmen

*Wirkung:* Diese Übung kräftigt die Muskeln entlang der Wirbelsäule, löst Verspannungen und fördert den Gleichgewichtssinn. Da die Verdauungsorgane leicht massiert werden, wird damit auch ihre Funktion verbessert. Außerdem verleiht sie dem Körper mehr Kraft und Energie.[26]

## Übung 3 – Adler:

*Durchführung:*

Abb. 6

> aufrechter Stand; Füße eine Hand breit auseinander; Hände leicht angespannt neben dem Körper; Handflächen vorne; Finger gespreizt

> Hände an die Hüften führen; Knie etwas beugen; den rechten Oberschenkel über den linken kreuzen

> den rechten Oberschenkel etwas mehr über den linken schieben, sodass der rechte Fuß die Außenseite der linken Wade berührt

> Gleichgewicht finden; dann beide Ellbogen auf Schulterhöhe rechtwinklig vor den Körper bringen; den rechten Arm unter den linken schieben

> Handflächen aneinander führen; Schultern entspannen

---

[26] vgl. http://www.du-machst-yoga.de/kobra-bhujangasana/

> Oberarme sind im rechten Winkel zu den Unterarmen; Position ein paar Sekunden halten

> Übung auf der anderen Seite wiederholen

*Wirkung:* Diese Asana fördert die Beweglichkeit des Hüftgelenks, der Beine und Schultern und sorgt für ein körperliches und geistiges Gleichgewicht. Sie dient der Dehnung und Entspannung des Rückens und stärkt zudem die Konzentration und Willenskraft.[27]

### 7.3 Fitness

In diesem Bewegungsfeld sollen die Schülerinnen und Schüler durch die Vermittlung von grundlegenden Methoden und Wirkungen der Ausdauer, Koordination, Kraft, Beweglichkeit und Entspannung an ein eigenverantwortliches Handeln herangeführt werden.[28]

Es sollten Asanas praktiziert werden, die den ganzen Körper dehnen, straffen, aber auch die Muskulatur stärken. Sie können, wie auch die Übungen der vorherigen Themenfelder, sowohl am Anfang, als auch am Ende der Unterrichtsstunde als Dehnübungen eingesetzt werden.

Abb. 7

<u>Übung 1 – Herabschauender Hund:</u>

*Durchführung:*

> Vierfüßlerstand; Knie hüftbreit und Hand schulterbreit auseinander; Hüfte über den Knien und Schultern über den Handgelenken

> Hände nun etwas vor den Schultern platzieren; über die Zehen auf die Füße rollen; Hüfte anheben

> Beine und Arme strecken; gespreizte Finger gleichmäßig leicht in den Boden drücken; Fersen etwas zum Boden ziehen; gerader Rücken

> zurück zur Ausgangsposition

---

[27] vgl. http://www.du-machst-yoga.de/adler-garudasana/
[28] vgl. http://bildungsserver.berlin-brandenburg.de/fileadmin/bbb/unterricht/rahmenlehrplaene/sekundarstufe_I/2008/Sport-RLP_Sek.I_2008_Brandenburg.pdf, S. 6

*Wirkung:* Der nach unten schauende Hund streckt den Rücken und kräftigt die Arme und Schultern. Außerdem entlastet er die Organe, regt den Blutkreislauf an und wirkt beruhigend sowie stimmungsaufhellend.[29]

Abb. 8

<u>Übung 2 – Dreieck:</u>

*Durchführung:*

> an das Ende der Yogamatte stellen

> großer Schritt nach hinten mit dem rechten Fuß (Grätsche); Füße nun eine Beinlänge auseinander; rechten Fuß um 90 Grad drehen, Fersen bleiben dabei in einer Linie

> nach links lehnen; linke Hand nach unten neben das linke Fußgelenk führen

> rechten Arm senkrecht zur Decke strecken, sodass linke und rechte Schulter eine Linie bilden; angespannter Bauch und gerade Beine

> Übung auf der anderen Seite wiederholen

*Wirkung:* Diese Übung flexibilisiert verschiedene Körperpartien. Sie strafft, dehnt und stärkt die Muskulatur. Des Weiteren vermittelt das Dreieck körperliche sowie geistige Entspannung und fördert durch die Stellung der Füße die Wahrnehmung des Körpers und des Raumempfindens.[30]

---

[29] vgl. http://www.du-machst-yoga.de/herabschauender-hund-adho-mukha-svanasana/
[30] vgl. http://www.du-machst-yoga.de/dreiecktrikonasana/

Abb. 9

<u>Übung 3 - Stuhl:</u>

*Durchführung:*

> aufrechter Stand mit

geschlossenen Füßen; Gewicht auf beide Füße gleichmäßig verteilen; Schultern entspannen

> Knie etwas nach vorne beugen; Hüfte nach hinten absenken; Knie sind dabei über den Knöcheln; Arme nach vorne ausstrecken und dadurch Balance halten; Gewicht ist auf den Fersen

> Bauchmuskeln anspannen; einatmend Arme schulterbreit zur Decke heben; Handflächen zeigen zueinander; oberen Rücken entspannen; Blick geradeaus

> Übung für ein paar Atemzüge halten, dann zurück zur Ausgangsposition
*Wirkung:* Diese Figur kommt auch im Sonnengruß vor. Durch die Ausrichtung des Beckens und der Wirbel stärkt sie die Oberschenkelmuskulatur und die Körperhaltung. Sie trainiert Knie, Sprunggelenke sowie Knöchel, regt die Darmtätigkeit an und stimuliert die inneren Organe, wie Leber und Bauchspeicheldrüse.[31]

## 8. Fazit

Viele Asanas entspannen den ganzen Körper und bringen den Geist zur Ruhe. Sie lösen, unter anderem durch Stress entstandene, Verspannungen und lindern Beschwerden, wie Rücken- und Kopfschmerzen. Da dies auch häufige gesundheitliche Einschränkungen der Schüler sind, eignet sich Yoga sehr gut als Ausgleich zum stressigen Schulalltag und beeinflusst das Wohl der Kinder und Jugendlichen positiv.

Des Weiteren stärken die Übungen die Muskulatur. Somit können sie am Anfang der Sportstunde als Dehnübungen eingesetzt und ausgeführt werden. Die Schüler nutzen dies als Aufwärmung und gleichzeitig als Entspannung. Auch am Ende ist eine Dehnung mit den auf die Übungsstunde abge-

---

[31] vgl. http://www.du-machst-yoga.de/stuhl-utktasana/

15

stimmten Asanas sinnvoll. Anschließend gehen die Kinder und Jugendlichen entspannt und ausgeglichen zum nächsten Unterrichtsfach.

Als einzelne Sportart würde sich Yoga jedoch nicht im Schulsport eignen. Dabei kommt es dann höchstwahrscheinlich, wie in den anderen Bewegungsfeldern, zur Leistungsbewertung. Dies verursacht weiteren zusätzlichen Druck und erzielt damit nicht die eigentliche Wirkung der Lebenskunst. Durchaus können aber Elemente aus dem Yoga integriert und in einfacher Form umgesetzt werden.

*„Tu Deinem Körper etwas Gutes, damit die Seele Lust hat darin zu wohnen."*
*~Teresa von Ávila*

## 9. Abbildungsverzeichnis

Abbildung 1

https://www.yogaimtaeglichenleben.at/system/images/Level-1/Sarva-Hita-Asanas-Part-4/Bicycling/Bicycling-02-1600.jpg (10.01.2018)

Abbildung 2

https://www.yogaimtaeglichenleben.at/system/images/Level-1/Sarva-Hita-Asanas-Part-4/Rope-Pulling/Rope-Pulling-1600.jpg (10.01.2018)

Abbildung 3

https://img1.womenshealth.de/Lernen-Sie-in-7-Schritten-den-Sonnengruss-fotoshowBig-23147762-8020.jpg (10.01.2018)

Abbildung 4

http://www.kgl-hga.eu/20090803_01/data/img/IMG_2652_freigestellt_6_520.jpg (10.01.2018)

Abbildung 5

http://www.du-machst-yoga.de/wp-content/uploads/2015/02/yogauebung-kobra-e1423823497619.jpg (10.01.2018)

Abbildung 6

http://www.du-machst-yoga.de/wp-content/uploads/2015/05/Yoga_Pose_Adler_6.jpg (10.01.2018)

Abbildung 7

http://www.du-machst-yoga.de/wp-content/uploads/2015/02/Yogauebung-herabschauender-hund.jpg (10.01.2018)

Abbildung 8

http://www.du-machst-yoga.de/wp-content/uploads/2015/05/Yoga_Position_Dreieck_5.jpg (10.01.2018)

Abbildung 9

http://www.du-machst-yoga.de/wp-content/uploads/2015/05/Yoga_Position_Stuhl-1180x738.jpg (10.01.2018)

## 10. Literatur- und Quellenverzeichnis

(1) Arndt, Friederike: Yoga als gesunde Perspektive für den Sportunterricht, Facharbeit (Schule), Norderstedt 2016

(2) Baumgartner, Helga: Yin Yoga, Achtsames Üben für innere Ruhe & Entspannung, München 2016

(3) Christiansen, Andrea: Mudras, Finger-Yoga – Einfache Übungen mit großer Wirkung, München 2012

(4) Grunert, Ulrike/Dr. med. Grunert, Detlef: Stressfrei durch Ayurveda Yoga, Das flexible 4-Wochen-Programm, München 2008

(5) Hirschi, Gertrud: Mudras, Yoga mit dem kleinen Finger, Freiburg im Breisgau 1999

(6) Hüster, Kirsten: Aqua Yoga, München 2009

(7) Karven, Ursula: Yoga für dich und überall, 60 unglaublich nützliche Übungen für jedermann und jeden Tag, München 2007

(8) Kirk, Martin u.a.: Hatha Yoga, München 2015

(9) Miessner, Wolfgang/Zylla, Amiena: Yoga Schritt für Schritt, Die ersten Übungen für Anfänger, München 2009

(10)    Schuler, Bettina: 111 Gründe, Yoga zu lieben, Berlin 2014

(11)    Trökes, Anna: Der kleine Alltags-Yogi, München 2014

(12)    Waesse, Harry: Yoga für Anfänger, München 1995

(13) Ministerium für Bildung, Jugend und Sport des Landes Brandenburg: Rahmenlehrplan für die Sekundarstufe I, Jahrgangsstufen 7 – 10, Sport, http://bildungsserver.berlin-

branden-

burg.de/fileadmin/bbb/unterricht/rahmenlehrplaene/sekundarstufe_I/2008/ Sport-RLP_Sek.I_2008_Brandenburg.pdf (Stand: 30.12.2017)

(14) o.A.: ÄrzteZeitung, Jugendärzte schlagen Alarm - Schulstress macht immer mehr Kinder krank,

https://www.aerztezeitung.de/politik_gesellschaft/berufspolitik/article/856533/j ugendaerzte-schlagen-alarm-schulstress-macht-immer-kinder-krank.html (Stand: 06.01.2018)

(15) o. A: Ballroom, Besser tanzen mit Yoga: Vrikshasana – die Baumhaltung, Oder warum es auch für Tänzer lohnend ist, auf Bäume zu klettern, http://www.kgl-

hga.eu/20090803_01/html/Ballroom_20090803_01_01.html     (Stand: 03.01.2018)

(16) o. A.: Du machst Yoga, Adler (Garudasana), http://www.du-machst-yoga.de/adler-garudasana/ (Stand: 06.01.2018)

(17) o. A.: Du machst Yoga, Dreieck (Trikonasana), http://www.du-machst-yoga.de/dreiecktrikonasana/ (Stand: 06.01.2018)

(18) o. A.: Du machst Yoga, Herabschauender Hund, http://www.du-machst-yoga.de/herabschauender-hund-adho-mukha-svanasana/ (Stand: 06.01.2018)

(19) o. A.: Du machst Yoga, Kobra (Bhujangasana), http://www.du-machst-yoga.de/kobra-bhujangasana/ (Stand: 06.01.2018)

(20) o. A.: Du machst Yoga, Stuhl (Utkatasana), http://www.du-machst-yoga.de/stuhl-utktasana/ (Stand: 06.01.2018)

(21)   o. A.: FOCUS Online, Jeder dritte Schüler krank durch Stress, https://www.focus.de/gesundheit/gesundleben/stress/news/stress-jeder-dritte-schueler-krank-durch-stress_aid_470543.html (Stand: 06.01.2018)

(22)   o. A.: Yoga im täglichen Leben, Radfahren,

https://www.yogaimtaeglichenleben.at/system/stufe-1/sarva-hita-asanas-teil-4/radfahren (Stand: 31.12.2017)

(23)   o. A.: Yoga im täglichen Leben, Seil ziehen,

https://www.yogaimtaeglichenleben.at/system/stufe-1/sarva-hita-asanas-teil-4/seil-ziehen (Stand: 31.12.2017)

(24)   o. A.: YOGA-JETZT, Hatha Yoga, http://www.yoga-jetzt.net/hatha-yoga/ (Stand: 07.01.2018)

(25)   o. A.: YOGA-JETZT, Vinyasa Yoga, http://www.yoga-jetzt.net/vinyasa-yoga/ (Stand: 07.01.2018)

(26)   o. A.: YOGA-JETZT, Yoga Arten, http://www.yoga-jetzt.net/yoga-arten/ (Stand: 07.01.2018)

(27)   o. A.: YOGA-JETZT, Yoga im Herbst, http://www.yoga-jetzt.net/yoga-im-herbst/ (Stand: 07.01.2018)

(28)   Zirkelbach, Andreas: info MAGAZIN, yoga – Bedeutung Erklärung Definition – Lexikon – yoga, http://www.info-magazin.com/?suchbegriff=yoga (Stand: 18.11.2017)

# BEI GRIN MACHT SICH IHR WISSEN BEZAHLT

- Wir veröffentlichen Ihre Hausarbeit,
  Bachelor- und Masterarbeit

- Ihr eigenes eBook und Buch -
  weltweit in allen wichtigen Shops

- Verdienen Sie an jedem Verkauf

Jetzt bei www.GRIN.com hochladen
und kostenlos publizieren